Freddy Ogugua Esenwa

Redução dos custos dos projectos - Papel da liderança política

Freddy Ogugua Esenwa

Redução dos custos dos projectos - Papel da liderança política

ScienciaScripts

Publisher:
Sciencia Scripts
is a trademark of
Dodo Books Indian Ocean Ltd. and OmniScriptum S.R.L publishing group

120 High Road, East Finchley, London, N2 9ED, United Kingdom
Str. Armeneasca 28/1, office 1, Chisinau MD-2012, Republic of Moldova, Europe
Printed at: see last page
ISBN: 978-620-7-86731-8

Índice

Capítulo 1

1.0 PREÂMBULO

Considero um grande privilégio e uma honra ter sido nomeado para apresentar um trabalho nesta Cimeira Nacional de Redução de Custos de Projectos de 2015 do Q uantity Surveyors Registration Board of Nigeria, sobre Imperativos de Valor para o Dinheiro para o Cálculo de Custos de Projectos na Nigéria.

Nunca é demais sublinhar a necessidade de um fórum onde se possam trocar ideias para melhorar as técnicas de desenvolvimento físico da nossa Nação, a Nigéria, e para garantir que os enormes fundos investidos obtenham resultados proporcionais. Embora o momento possa parecer tardio, "*mais vale tarde do que nunca*", como diz o ditado, pois todos concordarão comigo que é melhor fazer mal as coisas certas do que fazer bem as coisas más.

Tenho de felicitar o comité organizador desta cimeira por ter dado todo o incentivo e apoio necessários para que esta apresentação se realizasse.

Capítulo 2

Os projectos de desenvolvimento são empreendimentos complexos inseridos em ambientes multiculturais. O êxito de um projeto é determinado não só pelo retorno financeiro, mas também pelos seus benefícios socioeconómicos e impactos no bem-estar. Para que estes últimos se concretizem, é imperativo que os projectos de desenvolvimento sejam devidamente planeados, conscienciosamente executados e monitorizados. A gestão dos projectos deve também ter em conta as diversidades dos meios do projeto.

No entanto, nos países em desenvolvimento, os projectos são muitas vezes concebidos como intervenções técnicas sem uma estrutura institucional adequada nem a devida atenção ao ambiente macroeconómico e político. Consequentemente, os gestores de projectos, os consultores e os chefes de equipa enfrentam frequentemente uma vasta gama de problemas de gestão. Na Nigéria, muitas pessoas assumiram as posições de gestores de projectos não com base nas suas competências técnicas e experiência de gestão, mas devido a considerações e filiações sociopolíticas. As adversidades associadas a esta tendência manifestam-se frequentemente, *entre outras coisas,* em projectos mal concebidos ou mal preparados e geridos. Esta situação é parcialmente responsável por muitos dos projectos mal sucedidos e abandonados que pontuam a paisagem física do país, bem como pelas empresas falidas que enchem a paisagem económica.

As principais falhas da gestão de projectos na Nigéria foram identificadas como sendo a má determinação dos custos, a programação irrealista das actividades, a metodologia de produção inadequada, a incapacidade de avaliar as implicações dos custos recorrentes do projeto, os mecanismos de acompanhamento e avaliação não planeados e ineficazes, o burocratismo e a interferência política excessiva.

Dado o ritmo acelerado a que os projectos têm sido abandonados ao longo do tempo, é necessário desenvolver uma nova orientação de gestão apoiada por legislação que reforme a política de aquisições. Tal deverá reduzir o desperdício e assegurar a otimização económica, a eficácia e a eficiência na utilização dos recursos através de uma gestão de projectos melhorada e bem sucedida. Esta cimeira sobre "Imperativos da relação qualidade/preço para o cálculo de custos de projectos na Nigéria" baseia-se nestas necessidades.

2.1 OBJECTIVOS DESTA CIMEIRA E DO DOCUMENTO

O documento destina-se a orientar adequadamente as atitudes e a alargar, melhorar e requalificar os conhecimentos e as competências de gestão dos gestores de projectos e das partes interessadas, com vista a aumentar a taxa de sucesso dos projectos na Nigéria e a proporcionar aos profissionais as competências práticas para operarem num ambiente internacional. Os objectivos específicos são:

- Melhorar a compreensão dos participantes sobre o significado, conceito e âmbito dos sistemas de aquisição e gestão de projectos em relação às principais fases do ciclo do projeto e expor os participantes a metodologias internacionais de aquisição;

- Examinar os vários constrangimentos aos sistemas de aquisição eficazes e à gestão de projectos na Nigéria, e familiarizar os participantes com os vários factores que afectam o sucesso da gestão de projectos e sensibilizar os participantes para as questões contemporâneas na economia da aquisição e métodos para ultrapassar os constrangimentos;

- Dar aos participantes a oportunidade de beneficiarem de experiências práticas na gestão de projectos através da utilização de estudos de casos sobre o papel da gestão de custos na obtenção de uma economia de aprovisionamento; e

- Proporcionar um fórum para a partilha de experiências entre os participantes sobre várias questões políticas na gestão de projectos e aquisições.

- Sensibilizar os participantes para o papel da liderança política na redução dos custos dos projectos.

Capítulo 3

3.1 PARADIGMAS

O problema económico fundamental é que os recursos são escassos, ou seja, são muito limitados em relação às numerosas necessidades. Daqui decorre o imperativo de economia, otimização e eficácia na mobilização, atribuição e utilização dos recursos. Esta necessidade é uma preocupação primordial da gestão económica, que se limita à conceção e aplicação de políticas e programas adequados para melhorar o desempenho económico.

O desenvolvimento, que engloba o crescimento, a estabilidade, a equidade e a sustentabilidade, no contexto da transformação estrutural, é a essência da gestão económica. Os projectos são, por conseguinte, cruciais para os objectivos de desenvolvimento nacional, estando assim sujeitos aos caprichos das manipulações políticas.

3.2 OS ASPECTOS E AS CARACTERÍSTICAS MAIS IMPORTANTES DOS PROJECTOS

O termo projeto tem muitos significados relacionados. No entanto, consiste num plano, numa conceção, num calendário ou num empreendimento para atingir um objetivo. Entre as principais características dos projectos contam-se as seguintes

- São realizadas ou executadas por pessoas;

- Implicam a afetação de recursos ou podem mesmo ser condicionados por limitações de recursos;

- Os recursos são afectados na expetativa de obter alguns benefícios.

As actividades do projeto envolvem invariavelmente processos e subprocessos ou são realizadas em fases e etapas. Entre as actividades relevantes contam-se a iniciação, o planeamento, a execução, o acompanhamento, o controlo e o encerramento (balanço final). Estas actividades não são exaustivas, mas indicativas. Além disso, embora sejam sinópticas, envolvem um vasto leque de actividades.

A gestão de projectos engloba toda a gama de planeamento e direção do processo de desenvolvimento para permitir que este atinja, da melhor forma possível e com o melhor resultado possível, o objetivo pretendido. Pode também ser vista como a aplicação de conhecimentos, competências, ferramentas e técnicas aos recursos, a fim de satisfazer ou exceder os requisitos das partes interessadas de um projeto.

Outra conceção apresenta a Gestão de Projectos como a arte de dirigir os recursos humanos e materiais ao longo da vida de um projeto, utilizando técnicas modernas de gestão para atingir objectivos pré-determinados de âmbito, qualidade, tempo, custo e satisfação dos participantes.

3.3 FUNÇÕES DA GESTÃO DE PROJECTOS

Para atingir o seu objetivo, a gestão de projetos tem uma série de funções. Entre elas, contam-se as seguintes, que são praticamente as mesmas que temos na teoria geral da gestão:

i. **Liderança:**

Definir objectivos e metas e torná-los claros, reais e importantes para a equipa de gestão.

ii. **Planeamento:**

Duas actividades de planeamento são importantes:

- O plano estratégico, para estabelecer relações e avaliar as tensões e os constrangimentos entre a missão, os clientes e o ambiente socioeconómico. O plano estratégico deve ser desenvolvido a partir de uma consideração de alternativas e riscos; e

- O plano de desempenho, que deve definir o âmbito das operações, a qualidade da produção e o padrão de custo/benefício. O plano de desempenho deve equilibrar e relacionar a disponibilidade de materiais e recursos financeiros, tecnologia, informação, competências e tempo, com os produtos e serviços da atividade, a fim de produzir resultados específicos. Deve também estabelecer indicadores de desempenho progressivos.

iii. **Dirigir e facilitar o trabalho:**

- A divisão do trabalho; a criação de subunidades; a afetação de recursos físicos e financeiros; e

- Competência na execução de programas de trabalho, incluindo a organização da integração do trabalho, a formação, a motivação e a eficácia de subunidades ou equipas de trabalho.

iv. **Coordenação:**

- Relações e informações externas; comunicar com, coordenar e influenciar as unidades de gestão relacionadas, as partes interessadas e os clientes;

- Relações internas, incluindo a utilização de comités inter-unidades no âmbito dos mesmos sistemas de gestão e a comunicação com outras entidades.

v. **Controlo do desempenho:**

- Estabelecer normas para o nível de pressão sobre os objectivos e a ênfase no tempo, bem como para o nível de delegação e controlo dos pormenores;

- Acompanhamento dos efeitos físicos, financeiros, contabilísticos e sociais;

e

- Avaliação periódica do desempenho em eventos indicadores e ajustamento atempado dos planos.

vi. **Reforçar o desempenho dos objectivos - (Motivação):**

Aplicação de um sistema de recompensas no âmbito das condições normais de serviço e de formação que permita a progressão na carreira.

Uma forma alternativa de descrever as funções de Gestão de Projectos implica a distinção entre alguns elementos centrais e funções facilitadoras. Os elementos centrais representam os objectivos do projeto do ponto de vista do promotor do projeto ou as restrições do ponto de vista do gestor do projeto.

3.4 FUNÇÕES DE BASE

Entre as principais funções contam-se a gestão do âmbito, a gestão da qualidade, a gestão do tempo e a gestão dos custos.

- **O âmbito** refere-se aos produtos ou resultados necessários do projeto. A necessidade de gestão do âmbito surge porque o âmbito identificado e desenvolvido do projeto pode mudar durante o resto do ciclo de vida do projeto.

- **Gestão da qualidade:** Esta necessidade surge devido ao desejo de definir e atingir determinados padrões de qualidade dos produtos do projeto.

- **Gestão do tempo:** Diz respeito à necessidade de as actividades do projeto serem cuidadosamente planeadas e programadas de modo a serem concluídas dentro do tempo disponível.

- **Gestão de custos:** Relaciona-se com a necessidade de uma gestão cuidadosa dos recursos - o somatório comum relaciona-se então com dinheiro.

3.5 OS OBJECTIVOS ESPECÍFICOS

Os quatro elementos de âmbito, qualidade, tempo e custo conduzem a objectivos específicos que estão integrados entre si e com o ciclo de vida do projeto.

- constituem o quadro de referência para o projeto, em relação ao qual o sucesso do projeto pode ser medido

- para o promotor, representam um conjunto de *requisitos*

- para a gestão do projeto, representam parâmetros ou restrições

 QUATRO FUNÇÕES DE GESTÃO FACILITADORAS

De qualquer modo, alcançar os objectivos ou trabalhar dentro dos parâmetros constitui as quatro funções básicas da gestão de projectos. O projeto é viabilizado por quatro funções de gestão facilitadoras. Estas incluem:

(I)   Informação e comunicação,

(II)   Contratos e aquisições,

(III)   Gestão de Recursos Humanos, e

(IV)   Gestão de riscos.

- **Gestão da informação e das comunicações   :**

  Consiste em recolher informações sobre o estado do trabalho num dado momento, compará-lo com o plano e, se necessário, tomar medidas correctivas.

- **Gestão de contratos e aquisições:**

  Aquisição e sequenciamento da entrega de materiais do projeto de forma não aleatória, gerindo as alterações como um aspeto da otimização do desempenho.

- **Gestão de Recursos Humanos:**

  Os projectos são realizados através das pessoas e das suas respectivas competências e capacidades. A eficiência e a motivação das pessoas nos programas requerem uma gestão dinâmica e contínua.

- **Gestão dos riscos:**

  Surge porque o resultado final de cada projeto é sempre incerto. São funções facilitadoras porque são os meios através dos quais os objectivos das funções de base são alcançados e as previsões de retorno são confirmadas.

A gestão de projectos integra progressivamente as funções essenciais e facilitadoras ao longo do ciclo de vida do projeto, com o objetivo de satisfazer os objectivos das partes interessadas, de acordo com os requisitos estabelecidos para o projeto.

Capítulo 4

4.1   PLANEAMENTO DE PROJECTOS

Na indústria da construção, em particular nas nações da Commonwealth, o primeiro requisito para uma boa gestão e execução de projectos é um planeamento minucioso. ***Quanto maior for o número de desvios não planeados do curso lógico que inevitavelmente ocorrem na prática, maior será o risco de perda de controlo e, possivelmente, de abortar o trabalho.*** Por outras palavras, para executar um projeto de forma eficiente, independentemente da supervisão ou do acompanhamento que é posto em prática, este deve ser bem planeado ab initio. A organização de um projeto é uma prerrogativa e um dever do empreiteiro. A sua execução afecta em pormenor o projeto em questão e, em geral, a reputação do empreiteiro. Por conseguinte, o fator crucial para uma execução eficaz de um projeto de construção é o empreiteiro. Um bom planeamento e uma boa organização serão de pouca utilidade se a construção começar antes de o empreiteiro ter preparado o seu programa com base em informações _contínuas_ do arquiteto e de outros consultores, no desempenho prometido dos subempreiteiros e tiver acordado este programa com o arquiteto e o cliente. Ou seja, a coordenação e o planeamento iniciais dos consultores, dos subempreiteiros e da própria equipa de construção determinarão se um projeto será ou não executado com sucesso.

Iniciar a construção antes de chegar a acordo sobre um programa é normalmente contrário ao interesse da entidade patronal e prejudicial a um acompanhamento e controlo financeiro adequados. Os arquitectos, outros consultores, empreiteiros e subempreiteiros devem tentar traçar as suas projecções de gestão em todos os projectos, a fim de melhorar o planeamento e a organização futuros à luz dos erros do passado.

Capítulo 5

5. PROCEDIMENTO PARA UM BOM PLANEAMENTO DE PROJECTOS

A gestão eficaz dos projectos assenta numa liderança integrada e na perceção que os indivíduos têm das suas responsabilidades na realização dos objectivos da organização. O ambiente em que operam os vários intervenientes na gestão de projectos deve ser propício à consecução desses objectivos.

Para cada projeto de capital existem procedimentos estabelecidos que envolvem as fases pré-contratual e pós-contratual.

- Fase pré-contratual

(A)   Planeamento do projeto -Briefing.

(B)   Viabilidade - estudos/investigações preliminares/plano de custos até aos limites de custos

(C)   Propostas de esboço -   planos de esboço

(D)   Conceção do esquema

(E)   Projeto pormenorizado - desenhos de trabalho

(F)   Informações sobre a produção

(G)   Listas de quantidades

(H)   Ação de concurso

- Fase pós-contratual

(J)   Planeamento da produção no local

(K)   Funcionamento no local

(L)   Conclusão

(M)   Feed-back - Aquisição

As complexidades destes procedimentos envolvem as etapas comuns, cada uma com o objetivo de iniciar e lançar a seguinte. O ciclo de trabalho em cada uma destas fases é:

(i)   Enunciação dos objectivos e assimilação dos factos pertinentes;

(ii)   Avaliação dos recursos necessários e estabelecimento de uma organização adequada;

(iii)   Planear o trabalho e estabelecer calendários/programação;

(iv)   Execução das obras/acompanhamento do desempenho;

(v)   Apresentação de propostas/atualização de   programas;

(vi)   Tomar uma decisão/selecionar entre alternativas;

(vii)   Definição dos objectivos para a fase seguinte.

Estes procedimentos representam uma sequência lógica de acções que devem ser tomadas para que possam ser tomadas boas decisões sem prejudicar o progresso. As actividades pormenorizadas em cada fase são descritas a seguir. Estas podem ser modificadas em função da dimensão do projeto a realizar.

5. 1   **FASE INICIAL**

Na fase inicial, o cliente analisa o projeto, cria a organização necessária e nomeia um consultor principal ou um gestor de projeto. O consultor principal ou o gestor de projeto informará o cliente sobre as suas responsabilidades profissionais, prática profissional, honorários e modalidades de contrato. Não deve haver qualquer ambiguidade quanto a quem toma que decisão em qualquer altura. Também aconselhará o cliente a nomear outros consultores na indústria da construção; a gama abrange arquitectos, avaliadores de quantidades, consultores de construção, engenheiros mecânicos, eléctricos e estruturais. Para os projectos de investimento do sector privado, o avaliador imobiliário está incluído.

O cliente começa então a trocar impressões com o gestor de projeto e toma nota e, consequentemente, age de acordo com os seus conselhos. O Gestor de Projeto receberá instruções para examinar a viabilidade do projeto, incluindo a escala de tempo e a viabilidade financeira, e os limites dos custos serão estabelecidos com o cliente, os detalhes preliminares do projeto, obter o plano do local, mapas de levantamento de ordenação e fazer as visitas iniciais ao local na companhia dos outros consultores. Para os projectos universitários, o Manual de Planeamento da Comissão Nacional de Universidades (NUC) e o Plano Diretor aprovado pela Universidade são utilizados como documentos de base. O projeto deve ser relevante para o local para que possa ser bem sucedido em qualquer circunstância. O cliente deve considerar a gama de conselhos dos consultores que provavelmente serão necessários, o âmbito do serviço a ser prestado e as bases dos seus honorários. A partir daí, serão elaboradas directivas gerais, incluindo a declaração de requisitos, o prazo e o custo, que irão assimilar os pormenores preliminares para o primeiro briefing.

5. 2   **FASE DE VIABILIDADE**

Na fase de viabilidade, o Gestor de Projeto realiza estudos no local, estabelece factos sobre limites, direitos de passagem, direitos de luz, servidão, etc., enquanto são realizados inquéritos preliminares junto da autoridade de planeamento local, sempre que necessário, a fim de obter uma autorização de planeamento geral. O avaliador de quantidades deve ter em conta os problemas especiais do local, os acessos, avaliar o nível dos custos de construção locais, considerar as tendências prováveis dos preços e reunir informações sobre os custos de projectos semelhantes, acompanhando de perto a evolução da flutuação dos preços. Este é o momento certo para considerar a preparação do plano de custos que fornecerá as limitações do projeto, a base para a verificação regular dos custos e a manutenção da viabilidade para as restrições de viabilidade.

O Engenheiro Civil e Estrutural deverá obter registos geológicos, valores de precipitação, informar-se junto das autoridades locais sobre as condições do solo, esgotos, obras rodoviárias planeadas, etc. Com base nesta informação, o relatório de viabilidade é preparado e apresentado ao cliente para apreciação. A decisão de abandonar, modificar ou prosseguir com o projeto é tomada nesta fase. O avaliador de quantidades aconselhará sobre o procedimento de concurso e as disposições contratuais previstas e ajudará a selecionar o empreiteiro, se o projeto for levado por diante. O calendário e o método de trabalho para as fases seguintes são acordados, incluindo o processo de concurso e as disposições contratuais.

5.3 PROPOSTAS GERAIS

Nesta fase, é definida a abordagem geral para a disposição, a conceção e a construção final, enquanto se procura obter a aprovação do cliente relativamente às propostas e aos relatórios que as acompanham. As informações sobre os custos na fase de viabilidade ou no plano de custos final são confirmadas com base nas informações dos outros consultores. O limite de custos é confirmado a partir de relatórios analíticos de custos de projectos anteriores ou de quantidades aproximadas baseadas em especificações presumidas. Espera-se que o cliente considere e aprove esta estimativa de custos.

5.4 CONCEPÇÃO DO ESQUEMA

Nesta fase, todas as instruções e decisões sobre o projeto são tomadas, incluindo o planeamento, a aparência, o método de construção, as especificações gerais, o custo e todas as aprovações devem ser obtidas. Os consultores devem esclarecer todas as questões pendentes, enquanto o avaliador de quantidades deve preparar todos os estudos de custos comparativos necessários e finais e o plano de custos com base no projeto do esquema para consideração e aprovação do cliente.

5.5 DESENHO DE PORMENOR

Nesta fase, espera-se que os consultores tenham tomado as decisões finais sobre todas as questões relacionadas com a conceção, especificação, construção e custo de qualquer parte ou componente do projeto. O avaliador de quantidades efectua estudos e verificações de custos e apresenta um relatório completo de verificação de custos. *Qualquer outra alteração na dimensão, localização, forma ou custo após este período resultará na interrupção do trabalho e em implicações de custos subsequentes.*

5.6 INFORMAÇÕES SOBRE A CONCEPÇÃO

Apenas no âmbito das decisões anteriores, o cliente deverá tomar decisões e agir em relação aos pormenores do briefing acordado, enquanto os consultores deverão obter orçamentos especializados e/ou acordar os Prime Cost Sums (PC Sums), incluindo os pormenores do contrato para os preliminares. Devem ser obtidas notas de especificações finais sobre o projeto e, sempre que possível, deve ser reafirmada a situação de fornecimento de materiais essenciais.

5.7 **LISTAS DE QUANTIDADES**

A produção de toda a documentação e os preparativos para a apresentação de propostas são feitos enquanto o cliente aprova a lista de propostas, considera e aprova a nomeação do pessoal do estaleiro, ou seja, o responsável pelas obras, o arquiteto ou engenheiro residente, etc.

5.8 **ACÇÃO DE CONCURSO**

Existem dois tipos de concursos habitualmente utilizados no nosso país:

* Concurso público e

* Concurso seletivo.

Existem vários híbridos destas formas. Nesta fase, deve ser obtida uma proposta para os contratantes principais e para os subcontratantes. Por vezes, é necessário introduzir alterações ou correcções nos mapas de quantidades durante o período de concurso. Estas devem ser efectuadas de forma a evitar ambiguidades. As propostas recebidas são abertas, analisadas e os relatórios são apresentados ao cliente para consideração e ação necessária. As orientações relativas ao processo de adjudicação emitidas pela Unidade de Controlo Orçamental e de Informação de Preços (BMPIU) da Presidência não são diferentes das acima referidas, mas a aplicação destas orientações para uma boa gestão de projectos na Nigéria tem sido a dificuldade no planeamento e execução do projeto.

Nesta fase, o cliente assina os documentos contratuais com o empreiteiro, que tomará todas as medidas necessárias em matéria de seguros. O cliente, através do consultor, também entrega o local ao empreiteiro. Os consultores preparam a lista de datas críticas para a programação do empreiteiro e reúnem todas as outras informações.

O empreiteiro deverá preparar, em conjunto com os subcontratantes, as datas-chave, a análise da rede, a disposição do local, os escritórios, as lojas, as cabanas, as instalações, os materiais, os regulamentos, os desenhos, etc., e organizar o início dos trabalhos no local. A análise da rede é preferível porque:

* As actividades críticas de construção podem ser facilmente identificadas.

* O limite de atraso em cada atividade pode ser estabelecido e avaliado positivamente.

* Os pedidos de prorrogação de prazo dos empreiteiros podem ser avaliados de forma equitativa.

* A duração da prorrogação do prazo pode ser estabelecida e as consequências em termos de custos

    determinado.

* É possível determinar a duração mais curta e óptima do período de contrato.

O empreiteiro deverá também acordar com o engenheiro a topografia do local e os pormenores do levantamento.

O objetivo deste procedimento é favorecer a comunicação entre a entidade patronal, o arquiteto, o responsável pelo levantamento das quantidades, o empreiteiro, os subempreiteiros, os consultores e os representantes do arquiteto e do empreiteiro no local. O Consultor Principal é o único responsável pela emissão de instruções ao empreiteiro, quer tenham origem nas actas do estaleiro, no gabinete do arquiteto ou noutros consultores, consoante a natureza do projeto, ou seja, obras de construção ou de engenharia civil. Isto inclui todas as instruções dadas aos subempreiteiros, fornecedores, pessoal do estaleiro e operários, que devem ser canalizadas através do empreiteiro principal.

Todas as instruções devem ser confirmadas por escrito num prazo determinado (sete dias) após a sua emissão.

5.9 OPERAÇÕES NO LOCAL

O dono da obra entrega o estaleiro ao empreiteiro, recebe os certificados dentro do período indicado no anexo do contrato, recebe as declarações de progresso e financeiras e aprova o aumento de custos justificado. O cliente, se assim o desejar, assistirá a testes de aceitação mecânicos e eléctricos e receberá dos consultores os desenhos de arquitetura, mecânica e engenharia eléctrica. Espera-se que o cliente nomeie pessoal de operação e manutenção em tempo útil para garantir que o projeto seja adequadamente mantido e tenha uma vida útil razoável.

O avaliador de quantidades aconselhará normalmente o cliente sobre as implicações financeiras da administração do contrato por parte dos consultores principais e/ou de quaisquer reclamações apresentadas, devendo manter demonstrações financeiras correntes para facilitar o controlo dos custos.

O sector da construção, no seu conjunto, é avaliado pela qualidade do produto acabado. O empreiteiro é legalmente responsável pela execução e conclusão das obras, em conformidade com o caderno de encargos, de modo a satisfazer razoavelmente o arquiteto/engenheiro; o arquiteto/engenheiro pode ser responsabilizado perante a entidade patronal se apresentar para pagamento trabalhos que não sejam satisfatórios.

Não é possível obter um trabalho de qualidade sem uma organização adequada:

(a) Pelo facto de o arquiteto/engenheiro se certificar de que os desenhos, as especificações e outras instruções indicam muito claramente o que é necessário; e

(b)   Pela criação, pelo empreiteiro, de condições no local que permitam a boa
execução dos trabalhos.

A direção do estaleiro do empreiteiro deve ser responsável por garantir que a
qualidade dos trabalhos, incluindo os dos subempreiteiros, nomeados ou não,
esteja em conformidade com o contrato e satisfaça razoavelmente o arquiteto.

A responsabilidade do empreiteiro por um trabalho de boa qualidade não é de
modo algum diminuída pelo dever do arquiteto/engenheiro de providenciar
supervisão e inspeção periódicas.

O arquiteto e os outros consultores podem contribuir para a produção de obras de
boa qualidade, assegurando que os trabalhos especificados e as suas instruções
possam ser corretamente interpretados. Os trabalhos que não estejam em
conformidade com o contrato devem ser condenados pelos consultores
competentes e ordenada a sua remoção imediata pelo empreiteiro.

Quanto mais tempo durar o trabalho que não cumpre as normas, mais dispendioso
será para o empreiteiro substituí-lo. Um atraso nesta instrução afectará
inevitavelmente a emissão do certificado de conclusão prática, com as
consequentes repercussões no programa de ocupação da entidade patronal, e a
emissão do certificado final ao empreiteiro.

5. 10   CONCLUSÃO

Nesta fase, o projeto é entregue ao cliente para ocupação e os eventuais defeitos
são corrigidos e a conta final é liquidada. O empreiteiro, os consultores e o dono
da obra organizam uma revisão do projeto e o dono da obra entrega o certificado
final. Os controlos financeiros são essenciais para uma boa gestão do projeto e,
para que este seja bem sucedido, o empregador deve estar plenamente
consciente dos seus compromissos orçamentais em todas as fases do projeto. Do
mesmo modo, os empreiteiros e os subempreiteiros devem saber que haverá um
fluxo de dinheiro garantido em função da taxa de construção satisfatória
alcançada.

5. 11   CONTROLO FINANCEIRO

É essencial garantir que o orçamento não seja excedido sem acordo. Isto será
facilitado se o avaliador de quantidades nomeado preparar relatórios financeiros
periódicos que mostrem os efeitos do ajustamento dos custos principais, dos
montantes provisórios e das variações autorizadas sobre o custo final previsto. É
possível obter um fluxo de tesouraria sistemático e um pagamento rápido se as
datas dos pagamentos intermédios forem acordadas no início do projeto e o
empregador for previamente informado. Embora se reconheça que algumas
variações são necessárias, particularmente quando os requisitos do empregador
se alteram durante a construção, deve ter-se em conta que mudanças de opinião
frequentes não só atrasam o progresso da obra, como podem ser dispendiosas

para o empregador e afetar a tesouraria do empreiteiro, atrasando a liquidação da conta final.

Capítulo 6

6.0 APLICAÇÃO DOS PRINCÍPIOS DO PROCESSO EQUITATIVO

Se as directrizes acima referidas sobre a aquisição de bens e serviços na indústria da construção fossem judiciosamente observadas, o planeamento e a aquisição de projectos na Nigéria não sofreriam os elevados custos desordenados observados em projectos semelhantes na sub-região da África Ocidental e na comunidade internacional. Estas directrizes existem nos nossos livros estatutários, mas a implementação e a aplicação dos procedimentos têm deixado muito a desejar. Uma das falhas fundamentais reside na prática orçamental do país em matéria de receitas e de afetação e despesa arbitrárias aos sectores.

Os principais defeitos dos anteriores sistemas de contratos públicos são os seguintes

(a)   As propostas orçamentais dos ministérios/parestatais não estão relacionadas com necessidades justificáveis. Em especial, o processo orçamental carece de planos actualizados. De facto, o orçamento era simplesmente uma lista de desejos dos funcionários.

(b)   Ausência de análise económica custo/benefício dos projectos como forma de justificar a necessidade do projeto.

(c)   Falta de concorrência e de transparência na adjudicação dos projectos, o que conduz a um custo elevado dos mesmos. Nos casos em que foi efectuado um anúncio, as regras aplicáveis favorecem geralmente um vencedor pré-determinado.

(d)   Os projectos não foram classificados por ordem de prioridade e harmonizados; consequentemente, vários ministérios estavam a dar resposta a supostas necessidades em simultâneo.

(e)   Existem lacunas injustificáveis entre o orçamento e as libertações efectivas que conduzem a subfinanciamento, atrasos na concorrência, escalada de preços e abandono do projeto.

(f)   Preferência por novos projectos em detrimento da manutenção, da renovação e da conclusão de projectos existentes.

(g)   Ausência de um acompanhamento eficiente e eficaz dos projectos, destinado a verificar o cumprimento dos planos e objectivos iniciais dos projectos.

(h)   Reversão frequente da política governamental.

Capítulo 7

7.0 PROCESSOS DE GESTÃO DOS CONTRATOS PÚBLICOS

O domínio cognitivo da gestão das aquisições do projeto inclui processos que são utilizados para identificar o que adquirir e quando o fazer.

7.1 Planeamento das aquisições

Este é o processo de identificação das necessidades do projeto que podem ser melhor satisfeitas através da aquisição de produtos ou serviços fora da organização do projeto. Implica saber o que adquirir, se deve adquirir, quando deve adquirir e quanto deve adquirir.

- *A entrada inclui*:

    o Descrição do produto

    o Âmbito de aplicação

    o Recursos de aquisição

    o Condições de mercado

    o Outro planeamento Resultado

    o Restrições

    o Pressupostos

- *Os métodos incluem*: análise "fazer ou comprar", parecer de peritos e seleção do tipo de contrato (fixo, custo reembolsável, etc.).

- *Os resultados incluem*: Plano de gestão de aquisições e declaração de trabalho (SOW) para cada contrato planeado.

7.2 Planeamento de solicitações

O processo de preparação dos documentos necessários para apoiar a solicitação.

- *Os contributos incluem*: plano de gestão das aquisições, SOWs e outro planeamento.

- *Os métodos incluem*: formulários normalizados e pareceres de peritos.

- *A saída inclui*:

    o Documentos de aquisição, tais como convites à apresentação de propostas (IFB), pedidos de cotação (RFQ) e pedidos de propostas (RFP).

    o Critérios de avaliação: os critérios que serão utilizados para classificar ou pontuar as propostas. Os critérios podem ser subjectivos, objectivos ou ambos. Os critérios subjectivos devem ser reduzidos ao mínimo. Em qualquer caso, devem ser solicitados segundos ou terceiros pareceres sobre os mesmos.

o Actualizações da declaração de trabalho.

7.3 Solicitação

O processo de obtenção de informações (ofertas e propostas) de potenciais fornecedores sobre a forma como as necessidades do projeto podem ser satisfeitas. A maior parte do esforço real neste processo é despendido pelos potenciais fornecedores, normalmente com pouco ou nenhum custo para o projeto.

- *Os dados incluem*: documentos de concurso e listas de vendedores qualificados.

- *Os métodos incluem*: publicidade e conferências de proponentes.

- *Os resultados incluem*: Propostas preparadas pelos vendedores que explicam como o vendedor pode fornecer o produto ou serviço solicitado.

7.4 Seleção de fontes

O processo de receber as ofertas e propostas dos vendedores e aplicar os critérios de avaliação para selecionar um fornecedor.

- *Os contributos incluem*: propostas, critérios de avaliação e políticas organizacionais.

- *Os métodos incluem*:

  o **Negociação de contratos.**

  o **Sistema de ponderação**: Um método para quantificar os dados qualitativos de modo a minimizar os preconceitos pessoais na seleção das fontes.

  o **Sistema de seleção**: Envolve o estabelecimento de requisitos mínimos de desempenho para um ou mais dos critérios de avaliação. Por exemplo, o gestor do projeto vendedor deve ser certificado por uma qualificação específica antes de o restante da proposta ser considerado.

  o **Estimativas independentes**: A organização adjudicante pode preparar as suas próprias estimativas para verificar os preços propostos. Estas estimativas são geralmente designadas por estimativas *de custos*.

- *A produção inclui*: Contrato.

7.5 Administração de contratos

O processo de garantir que o desempenho do vendedor cumpre os requisitos contratuais.

- *Os dados incluem*: formulário do contrato, resultados do trabalho, pedidos de alteração e facturas do vendedor.

- *Os métodos incluem* o sistema de controlo das alterações contratuais, os relatórios de desempenho e o sistema de pagamento.

- *A produção inclui*: correspondência, alterações contratuais e pedidos de pagamento.

7.6 Encerramento do contrato

O processo de conclusão e liquidação do contrato, incluindo a resolução de eventuais pontos em aberto.

- *Os contributos incluem*: documentação contratual/avaliação do desempenho.

- *Os métodos incluem*: auditorias de contratos públicos.

- *Os resultados incluem*: ficheiro do contrato, aceitação formal e encerramento.

Capítulo 8

8.1 Origem do contrato

Um contrato pode ter origem de duas formas. São elas: **unilateralmente** ou **bilateralmente**

Unilateralmente:

o   A   forma mais comum de contrato é um tipo de documento relativamente simples chamado **ordem de compra**.

o   Uma ordem de compra é utilizada quando são necessários itens de rotina e de custo padrão.

o   Uma ordem de compra é juridicamente vinculativa e deve ser específica.

Bilateralmente:

Os documentos de concurso são utilizados para solicitar propostas a potenciais vendedores. O documento de concurso torna-se então a base da proposta do vendedor.

Seguem-se exemplos de documentos de contratação:

a.   **Pedido de cotação (RFQ)** de diferentes fornecedores:

   ▪   Os artigos têm um valor de custo relativamente baixo, como os fornecimentos e os materiais

   ▪   Está concluído um inquérito aos potenciais fornecedores.

   ▪   O pedido de cotação que informa os fornecedores dos bens ou serviços necessários é enviado a um número reduzido de possíveis fornecedores.

   ▪

b.   **Pedido de proposta (RFP)**:

   ▪   Os artigos ou serviços são geralmente de elevado valor e não normalizados.

   ▪   Exemplos: um projeto de construção, um projeto de investigação e desenvolvimento, uma peça de maquinaria de grande complexidade feita por encomenda.

   ▪   Devem ser incluídos na proposta projectos, desenhos, especificações, listas de quantidades e outros dados adequados.

c.   **Convite à apresentação de propostas (IFB)**:

   ▪   Adequado para artigos standard de elevado valor de custo.

- Um pré-requisito para este processo é uma descrição clara e exacta dos fornecimentos, equipamentos e serviços necessários.

- Inclui especificações, desenhos, listas de quantidades/programas de materiais, normas do sector, requisitos de desempenho, etc.

- Deve garantir uma concorrência leal entre todos os proponentes.

- As disposições devem ser formuladas de forma a evitar interpretações erróneas.

- As propostas formais são apresentadas ao serviço de contratação em envelopes selados. Todas as propostas são abertas num momento específico na presença dos proponentes.

- Na maioria dos casos, o contrato é adjudicado ao proponente responsável com a proposta mais baixa. Se o contrato não for adjudicado ao proponente com a proposta mais baixa, é necessário documentar cuidadosamente os motivos.

- Este tipo de contrato é suscetível de fraude, conluio e outras condutas desonestas. Por conseguinte, o gestor de projeto e o pessoal contratante devem praticar procedimentos comerciais éticos definidos.

8.2 Tipos de contratos

Existem principalmente dois tipos de contratos. São eles:

- Custos variáveis e

- Custo fixo

Existem várias formas de contratos utilizados no sistema de contratos públicos internacionais. São elas:

Preço unitário

- Pedido de compra simples

- Preço fixo por unidade de bens ou serviços

Custo mais uma taxa (CPAF):

- É criada uma bolsa de prémios. O nível do prémio é determinado por um comité de prémios.

- Os compradores têm mais flexibilidade do que a **taxa de custo mais incentivo (CPIF)**. Podem ser utilizados juízos subjectivos para determinar as recompensas (por exemplo, a atitude do contratante).

- Este tipo de contrato está a ganhar popularidade.

- Desvantagem: os custos administrativos são elevados devido ao comité de atribuição.

Os contratos seguintes estão ordenados por ordem crescente de risco para o vendedor e decrescente de risco para o comprador.

Custo mais percentagem de custo (CPPC)

- O vendedor é reembolsado pelos custos admissíveis de execução do contrato e recebe como lucro uma percentagem acordada dos custos.

- Não há limite para o lucro do vendedor. Se o custo do vendedor aumentar, o lucro também aumenta.

- O tipo de contrato mais indesejável do ponto de vista do comprador.

- Proibido para utilização pelo governo federal. Utilizado na indústria privada, especialmente em projectos de construção, onde o tempo é um fator crítico.

- Suscetível de abuso. Não há motivação para o vendedor reduzir os custos.

- O comprador assume 100% do risco.

- O gestor do projeto comprador deve prestar especial atenção ao controlo dos custos da mão de obra e dos materiais, para que o vendedor não aumente propositadamente estes custos.

- Conclusão: não há limite para o lucro do vendedor!

Taxa fixa de custo mais taxa fixa (CPFF)

- O vendedor é reembolsado pelos custos admissíveis de execução do contrato e recebe como lucro uma taxa fixa.

- A taxa fixa não varia com os custos reais, a menos que o âmbito do trabalho seja alterado, caso em que são estabelecidos critérios para uma taxa adicional.

- Suscetível de abuso, na medida em que existe um teto para o lucro, mas não há motivação para diminuir os custos. No entanto, o vendedor pode fazer economias para minimizar o tempo e o esforço.

- Utilizado principalmente em projectos de investigação ou projectos para os quais o fluxo de caixa se estende por um período indeterminado, em que o esforço necessário para alcançar o sucesso é incerto até muito depois de o contrato ser assinado.

- Conclusão: limite do lucro mas nenhum incentivo para controlar os custos.

Taxa de Incentivo de Custo-Plus (CPIF)

- O vendedor é pago pelos custos de desempenho permitidos, juntamente com uma taxa pré-determinada e um bónus de incentivo.

- Se os custos finais forem inferiores aos custos previstos, tanto o comprador como o vendedor beneficiam da poupança de custos com base numa fórmula de partilha pré-negociada.

- A fórmula de partilha reflecte o grau de incerteza enfrentado por cada parte.

- Utilizado principalmente quando os contratos envolvem um longo período de execução com uma quantidade substancial de requisitos de desenvolvimento e teste de hardware ou quando metodologias alternativas podem produzir resultados iguais a custos reduzidos.

- O risco é partilhado pelo comprador e pelo vendedor.

- Conclusão: incentiva o vendedor a reduzir os custos, aumentando assim o potencial de lucro.

Preço fixo mais comissão de incentivo (FPI)

- Tipo de contrato mais complexo.

- Consiste no custo pretendido, lucro pretendido, preço pretendido, preço máximo e rácio de acções.

- Por cada montante que o vendedor consiga reduzir os custos abaixo do custo-alvo, as poupanças serão partilhadas pelo vendedor e pelo comprador com base no rácio de partilha.

- O rácio de partilha é uma fórmula negociada que reflecte o grau de incerteza enfrentado por cada parte.

- Se os custos excederem o preço máximo, o vendedor não recebe qualquer lucro. Independentemente dos custos efectivos, o comprador não paga mais do que o preço máximo.

- O risco é partilhado pelo comprador e pelo vendedor, mas é normalmente mais elevado para o vendedor.

- Normalmente utilizado quando os contratos são de montante substancial e envolvem um longo período de tempo.

    tempo de produção.

- Conclusão: incentiva a redução dos custos, o que, por sua vez, aumenta os lucros. Se os custos excederem um limite máximo, o contratante é penalizado.

Preço fixo (FFP)

- O vendedor compromete-se a prestar um serviço ou a fornecer bens ao preço contratual estabelecido.

- É também designado por **montante fixo**.

- O vendedor suporta o maior grau de risco.

- O vendedor está motivado para reduzir os custos através de uma produção eficiente.

- As melhores especificações estão disponíveis e os custos são relativamente certos.

- Tipo comum de contrato.

Exemplos de tipos de contratos

Cost-Plus-Percentage of Cost(CPPC)	
Estimated Cost	N1,000
Percentage	10% (N100)
Estimated Total Price	N1,100 (Estimated Cost + 10% * Estimated Cost)

Se o custo aumentar para N1.100, o preço total será N1.100 mais 10% dos custos reais = N1.210.

Cost-Plus-Fixed Fee (CPFF)	
Estimated Cost	N1,000
Percentage	10% (N100)
Estimated Total Price	N1,100 (Estimated Cost + 10% * Estimated Cost)

Se o custo aumentar para N1.100, o preço total será N1.100 mais 10% dos custos estimados originais = N1.200.

Cost-Plus-Incentive Fee (CPIF)	
Estimated Cost	N1,000
Predetermined Fee	N100
Sharing Formula	85/15 (buyer absorbs 85% of the uncertainty and the seller absorbs 15% of the risk)
Actual Cost	N800
Savings	N200
Seller Gets	N800 + N100 + N30 = N930 (Actual cost + Fee + (15% * Savings))
Buyer Saves	N170

Fixed Price-Plus-Incentive Fee (FPI)	
Target Cost	N1,000
Target Profit	N100 (Seller's Fee)
Target Price	N1,100
Ceiling Price	N1,200 (The maximum pay-out to the seller)
Share Ratio	70/30

EXAMPLE A

Actual Cost	N800
Savings	N200 (Target cost – Actual cost)
Seller Gets	N800K + N100 + N60 = N960 (Actual cost + fee + 30%*savings)
Buyer Saves	N140

EXAMPLE B

Actual Cost	N1,300
Seller Gets	1,200 (no profit and a N100 loss on costs)
Buyer Loses	N100 (the pay-out is N100 over Target price = Ceiling Price)

Firm-Fixed Price (FFP) (Lump Sum)	
Price	N1,000

EXAMPLE A

Actual cost	N700
Seller's Profit	N300 (Price - Actual Cost)

EXAMPLE B

Final cost	N1,100
Seller's Loss	N100 on contract

8.3 *Considerações especiais sobre a execução do contrato*

- Alterações (Variações)

- o O sistema de controlo das alterações/variações deve ser definido e incluído na cláusula de alterações/variações do projeto.

- o O sistema deve abranger quem inicia um pedido de alteração, como é processado e financiado e quem tem a autoridade de aprovação final.

- o Para os grandes projectos, deve ser criado um comité de controlo da configuração
- o A proposta de alteração deve ser explícita em termos do impacto da alteração no caderno de encargos, nas especificações e nos desenhos.

- o *Legal*: deve haver um acordo mútuo para modificar um contrato e esse acordo deve ser apoiado por uma contrapartida (a cláusula de alteração é importante!) **OU**

- o A mudança também pode ser efectuada por ação unilateral, se for feita em conformidade com o exercício de opções contidas nos termos do contrato original.

- Especificações

- o Ou de natureza normalizada, em que uma conceção específica foi aceite por toda a indústria, ou adaptada e única para a situação em causa.

o Existe uma componente comportamental associada ao desenvolvimento de especificações: Estas incluem:

- *Procura de competência:* A pessoa está sempre a alterar a conceção, o que resulta num aumento da complexidade e do custo. (não é possível chegar a uma conclusão)

- *Coeficiente de margem de segurança:* relacionado com os parâmetros de conceção em termos de quanto é suficiente. A dada altura, os custos aumentam exponencialmente, mas os ganhos de segurança não.

- *Metodologia da indiferença:* relacionada com uma atitude que promove uma abordagem contingente das especificações, mesmo quando não se justifica. (O projeto é demasiado flexível - o engenheiro ou arquiteto é "indiferente" à combinação final dos atributos do produto)

- *Síndrome do monumento*: baseado no desejo de construir um produto que

  durar para sempre, independentemente do custo. (i.e., as pirâmides)

- *Expansão do orçamento:* o designer desenvolve as especificações com um

  de acordo com os fundos disponíveis. Quanto mais dinheiro disponível, mais complexo e dispendioso é o projeto.

- *No abrigo de fonte única,* as especificações são desenvolvidas de modo a que o equipamento, os materiais e os fornecimentos sejam adaptados para exigir os produtos de um fabricante ou fornecedor específico.

o A revisão cuidadosa durante a fase de redação do contrato é de extrema importância! A correção de problemas após a assinatura do contrato raramente pode ser feita sem uma negociação dispendiosa ou um litígio.

- **Controlo de qualidade**

  o A qualidade não pode ser inspeccionada no produto - tem de ser incorporada no mesmo.

  o A atitude de qualidade deve estar presente aquando da conceção do produto.

  o Devem ser estabelecidos controlos para garantir que a qualidade é tida em conta à medida que o trabalho avança.

  o É obrigatório efetuar controlos periódicos da conformidade com as especificações.

  o O custo do retrabalho pode ser elevado - a tónica deve ser colocada em fazer bem as coisas à primeira.

  o Os defeitos podem ser dispendiosos e prejudiciais para a reputação da empresa, do gestor de projeto e da equipa de projeto.

- **Garantias** O conceito de garantia baseia-se na garantia que uma parte dá à outra de que os bens cumprem determinadas normas de qualidade, incluindo o estado, a fiabilidade, a descrição, a função ou o desempenho.

  o **Garantia expressa**: aplica-se quando o serviço ou produto não cumpre o nível de qualidade especificado no contrato. (Secção 2-313(1)(a) do Código Comercial Uniforme)

  o **Garantia implícita**: é medida pela *"comercialização"* ou *"adequação a uma utilização* *específica".*

. A **garantia implícita de comercialização** surge em todas as vendas de bens efectuadas por um comerciante que negoceia bens do tipo vendido. Significa que os bens devem ser razoavelmente adequados para os fins normais para os quais são utilizados. (aplica-se a bens que podem ser revendidos)

. **A garantia implícita de adequação a uma utilização específica** aplica-se tanto a comerciantes como a não comerciantes. A garantia está implícita se, no momento da contratação, o vendedor tiver conhecimento do fim específico para o qual o artigo está a ser comprado e se o vendedor também souber que o comprador está a confiar no julgamento do vendedor para selecionar ou fornecer bens adequados. A garantia implícita **NÃO** é aplicável nos seguintes casos:

1. O gestor de projeto do cliente conhece o produto, inspeccionou-o e fez a sua própria avaliação independente, sem confiar na competência do vendedor.

2. O produto está em conformidade com as especificações e planos fornecidos pelo gestor de projeto do cliente.

- *Analogia*: Se comprar um cortador de relva, espera que ele corte a relva. Se o utilizar no tapete, a garantia não se aplica.

- **Renúncia**

    o O gestor de projeto do cliente deve estar permanentemente atento à armadilha *da renúncia*.

    o Ao abrigo da doutrina da renúncia, uma parte pode renunciar a direitos que, de outro modo, teria ao abrigo do contrato.

    o Se o gestor de projeto cliente aceitar conscientemente uma execução incompleta, defeituosa ou tardia e aceitar essa execução sem objecções, o gestor de projeto renunciou ao seu direito a uma execução rigorosa.

- **Obrigações**

    o As cauções contêm montantes penais suficientes para garantir a execução e o pagamento. Quando apropriado, as cauções são incluídas no contrato.

    o Tipos de obrigações:

    - **Desempenho**: assegura o desempenho e o cumprimento de todas as

    os compromissos, termos e condições do contrato. (O montante da penalização pode atingir 100% do preço do contrato, como acontece nos projectos de construção)

    - **Pagamento**: assegura o pagamento dos subcontratantes e dos trabalhadores,

    e materiais pelo empreiteiro principal. Além disso, o Gestor de Projeto pode querer incluir uma cláusula contratual que exija que o empreiteiro principal obtenha garantias de pagamento de qualquer subempreiteiro no projeto para os fornecedores de mão de obra e material do subempreiteiro.

- Em determinadas circunstâncias, podem ser exigidas cauções **de fidelidade** e de **violação de patentes.**

  - o A **Lei Miller** exige obrigações de desempenho e de pagamento em todos os projectos de construção, exceto os de menor importância, em que o governo dos EUA seja parte no contrato.

- **Infracções**

  - o **B incumprimento do contrato**: incumprimento de uma obrigação contratual.

  - o A medida da indemnização por incumprimento é o montante do prejuízo sofrido pela parte lesada.

  - o **Violação material do contrato**: A parte não culpada é exonerada de quaisquer outras obrigações decorrentes do contrato. A infração é tão grave que também priva a parte que não cometeu a infração dos benefícios esperados do negócio.

  - o Tempo: Se o contrato não estipular um prazo de execução, a execução deve ser efectuada num prazo razoável. No entanto, se o tempo for crítico, o contrato deve indicar explicitamente que **"o tempo é essencial".**

  - o **O tempo é essencial**: quando explicitamente indicado no contrato, o incumprimento do prazo estabelecido constitui uma violação material do contrato e o comprador não será obrigado a aceitar o cumprimento tardio.

- **Negociação**

  - o Fases da negociação

1. *Protocolo*: São feitas as apresentações e os negociadores conhecem-se uns aos outros. O ambiente para o resto das negociações é determinado nesta fase.

2. *Sondagem*: Os negociadores iniciam o processo de pesquisa. Cada parte identifica as questões que a preocupam. São identificados os pontos fortes e fracos e as possíveis áreas de interesse.

3. *Negociar por baixo*: Esta é a essência da reunião. Ocorre uma negociação efectiva e são feitas concessões. Os pontos de concessão são identificados.

4. *Encerramento*: As duas posições são resumidas e as concessões finais são alcançadas. Os acordos são resumidos e documentados.

5. *Acordo*: A principal dificuldade nesta fase consiste em garantir que ambas as partes compreendem de forma idêntica os acordos. Esta fase deve estabelecer os planos para registar os acordos num contrato escrito

- o Tácticas de negociação

O Gestor de Projeto deve estar **ciente** das seguintes tácticas de negociação.

- Imposição de um prazo para chegar a um acordo

- Uma tática poderosa porque implica uma possível perda para ambas as partes

- A outra parte não tem de aceitar o prazo, mas muitas vezes aceita-o

- Surpresa -- Uma das partes divulga informações, como uma alteração de preço, à outra parte

- *Empatar*

- Uma das partes pode alegar que um acordo não pode ser concluído porque a sua autoridade é limitada e não pode afetar os recursos da empresa.

- Uma parte pode alegar que a pessoa com autoridade final está ausente. A técnica do "homem desaparecido" também pode ser utilizada quando a parte não dispõe das informações solicitadas pela outra parte.

- *Justo e razoável*

- O negociador pode alegar que o preço de um computador é justo porque é o que outra empresa está a pagar.

- *Atrasos*

- Útil quando os ânimos começam a exaltar-se, quando um membro da equipa se desvia do seu caminho, para desviar a atenção de um assunto, etc.

- Exemplos de atrasos: chegada de refrescos, pedido de intervalo, etc.

- *Raciocinar em conjunto*

- Confundir a outra parte: distorcer deliberadamente questões e números. (Se isto for feito, alguém deve falar antes de concordar com o que quer que seja)

- *Retirada*

- Por vezes, é feito para desviar a atenção de uma área de fraqueza

- Um partido pode atacar uma questão e depois recuar.

- Fazer com que a outra parte pareça pouco razoável, apontando todas as concessões feitas pela parte

- Arbitragem - quando não é possível chegar a acordo, pode recorrer-se a um terceiro.

- Fato consumado - uma parte pode alegar que o que está a ser pedido já foi realizado e não pode ser alterado.

Capítulo 9

9.0 IMPORTÂNCIA DA GESTÃO DE PROJECTOS

Os projectos sempre necessitaram de ser geridos. Nenhum projeto pode ser bem sucedido sem que as pessoas estejam motivadas para trabalhar para atingir os seus objectivos. A gestão de projectos é importante neste contexto. Para levar um projeto a bom termo, os gestores de projectos:

- Deve proporcionar liderança, organização e direção a um número normalmente elevado de pessoas envolvidas na sua implementação e funcionamento contínuo;

- Necessidade de lidar eficazmente com as partes interessadas, tanto quanto com os fornecedores, as administrações, os banqueiros e os empreiteiros que irão construir as obras do projeto ou fornecer outros elementos do projeto.

- Necessidade de estabelecer a organização para manter e operar o projeto, uma vez implementado, de modo a que continue a proporcionar os benefícios para os quais foi planeado.

As características especiais dos projectos exigem que estes sejam objeto de uma atenção explícita por parte da gestão, independentemente da sua natureza, dimensão e duração. Estas características incluem:

- **Raridade:** A definição dos objectivos finais e do âmbito do projeto torna-o um empreendimento único ou relativamente pouco frequente.

- **Restrições:**

  - Tempo limitado (ou seja, início e fim específicos)

  - Dinheiro limitado (ou seja, orçamento específico)

  - Recursos limitados (por exemplo, pessoas, competências, equipamento e materiais)

Multidisciplinaridade:

  - Os esforços de contribuição de mais de uma organização podem exigir a integração

  - O trabalho de mais do que uma disciplina pode necessitar de coordenação para além das fronteiras organizacionais

  - Várias competências podem exigir coordenação

Complexidade:

  - Complexidade de gestão devido ao conflito entre os objectivos e as restrições

  - A oposição de objectivos individuais de muitas partes, tanto internas como externas, pode exigir a gestão de

- A tecnologia pode estar a mudar nos métodos e na abordagem

- A tecnologia em si pode ser complexa.

Resposta dinâmica:

- Visibilidade do projeto como agente de mudança

- Reagir às mudanças externas durante a vida do projeto

- Resposta aos desenvolvimentos internos reflectidos no ciclo de vida do projeto.

Outros factores

- É fundamental uma apreciação do efeito do projeto nas organizações participantes e no ambiente

- É necessário um compromisso substancial do patrocinador

- É necessário um conhecimento mais alargado da tecnologia

- É necessário encontrar as competências técnicas adequadas

- As questões quotidianas devem ser tratadas em tempo útil

- É essencial uma experiência eficaz em gestão de projectos.

Capítulo 10

10.0 DESENVOLVIMENTO DE UM MÉTODO E PROCEDIMENTO DE ADJUDICAÇÃO HOLÍSTICO

Os projectos são, sem dúvida, os elementos constitutivos do processo de desenvolvimento. As actividades dos projectos estão interligadas com os processos de planeamento e orçamentação. A implementação do plano implica a execução de projectos de desenvolvimento, mas a atribuição de recursos a vários projectos é feita através de orçamentos. É por isso que a gestão de projectos está em sintonia com as actividades de planeamento e de orçamento.

A sorte económica flutuante da Nigéria e o seu historial de desenvolvimento não tão impressionante ao longo dos anos contrariam os princípios dos planos, orçamentos e gestão de projectos. Defeitos e aberrações inerentes aos processos têm individual e coletivamente reduzido os benefícios dos exercícios. Entre os problemas identificados, contam-se os seguintes:

- **Substituição de projectos**

  Há uma tendência para que os projectos não previstos entrem no calendário de implantação em detrimento dos que estavam previstos.

- **Distorção do plano e do orçamento**

  Outro derivado da substituição de projectos. Isto é conseguido através de uma subutilização relativa dos projectos planeados, que, por sua vez, é relativa a uma sobreutilização dos projectos não planeados. Isto traduz-se numa distorção dos planos e orçamentos

- **Auditoria fraca**

  Estes problemas surgiram, em grande parte, porque os sistemas de auditoria são fracos. Muitas vezes, o acompanhamento e a avaliação dos projectos não são efectuados e os relatórios de auditoria nunca são publicados. Esta situação é particularmente facilitada pela natureza da governação que, no passado, era essencialmente autocrática e se caracterizava geralmente pela circunscrição das regras e procedimentos estabelecidos

- **Outras influências sociopolíticas adversas**

  A maioria dos projectos não é selecionada após uma análise adequada e uma avaliação pertinente. Na maior parte dos casos, os projectos são introduzidos para satisfazer exigências políticas sem ter em conta a sua viabilidade, exequibilidade, racionalidade económica e sustentabilidade. A consequência é que os projectos são abandonados e, geralmente, nunca são concluídos após a saída dos que os iniciaram ou começaram. A fraca auditoria anteriormente mencionada reforça este problema porque os recursos gastos podem nunca ser contabilizados.

- **Limitação de recursos**

Há, no entanto, algumas ocasiões em que a insuficiência de recursos constitui um obstáculo à realização dos projectos pretendidos. Este problema tornou-se particularmente significativo devido à concentração das receitas do governo nigeriano numa fonte mono-produto. As flutuações do mercado mundial do petróleo implicam frequentemente ajustamentos nas dotações para projectos específicos.

- **Problemas técnicos e de gestão**

Os gestores de projeto não dispunham frequentemente das competências técnicas e de gestão necessárias. Muitas vezes, as pessoas são nomeadas para gerir o projeto por razões de filiação política e considerações geoétnicas. Esta situação teve um impacto negativo nas actividades do projeto, uma vez que estas ficaram comprometidas ab-initio.

- **Outros factores**

Os projectos também fracassam devido a uma sequência incorrecta das actividades, à falta de vontade política para levar a cabo algumas actividades, a custos exagerados, a desenvolvimentos inesperados que beiram o desastre, etc.

10.1 UNIDADE DE CONTROLO ORÇAMENTAL E DE INFORMAÇÃO SOBRE PREÇOS (BMPIU)

Na sequência das dificuldades acima referidas, o governo de Obasanjo criou, no Gabinete do Presidente, o gabinete do Assistente Especial Sénior, com o objetivo de formular e implementar políticas adequadas em matéria de aquisições e adjudicação de contratos. A unidade é orientada pelas suas metas, objectivos e um conjunto de estratégias de implementação, que são brevemente descritas a seguir:

- Funções de regulamentação

(a) Regulamentar e estabelecer normas, incluindo a aplicação de documentos de concurso e de adjudicação harmonizados

(b) Formular as políticas e orientações gerais relacionadas com os contratos públicos.

(c) Desenvolver actualizações e manter bases de dados e tecnologias relacionadas com todo o sistema.

(d) Realizar pesquisas e inquéritos sobre contratos públicos com vista a determinar as necessidades de informação e o custo dos projectos.

(e) Aplicar a ética profissional e sancionar os funcionários e profissionais em falta.

(f) Reforçar a capacidade do Presidente para estar plenamente informado sobre o processo orçamental, a certificação dos projectos e as estações de execução dos projectos.

- Funções de certificação

Certificar todos os contratos públicos a nível federal nas seguintes categorias:

(a) Certificação da Equipa Residente do Devido Processo para projectos com um limiar entre 1,0 e 50 milhões de euros.

(b) Certificação completa do devido processo para projectos superiores a N50 milhões em várias fases, tais como "certificado de adjudicação do contrato" e "certificado de pagamento".

Note-se que, no caso de projectos inferiores a 1 milhão de euros, o Secretário Permanente e o Diretor Executivo de cada entidade para-estatal continuarão a certificá-los.

• O objetivo da BMPIU

O objetivo da BMPIU é ser uma vanguarda para garantir a transparência fiscal, o cumprimento rigoroso das directrizes do Governo Federal sobre a Certificação do Devido Processo no que diz respeito à orçamentação e à aquisição de instalações/serviços/contratos ao menor custo.

• Objectivos da BMPIU

Os objectivos da BMPIU são resumidos a seguir:

- Harmonizar as políticas/práticas governamentais existentes e actualizá-las em matéria de contratos públicos;

- Para garantir que a embalagem da conceção do projeto está adaptada ao

  realização das prioridades e dos objectivos.

- Para garantir que a embalagem da conceção do projeto está adaptada ao

  realização das prioridades e dos objectivos.

- Determinar se foi ou não observado o devido processo na aquisição de serviços e contratos durante o início e a execução desses projectos.

- Introduzir mais probidade, responsabilidade e transparência no processo de adjudicação de contratos;

- Estabelecer e atualizar as normas e os parâmetros de referência em matéria de preços para todos os fornecimentos à administração pública;

- Acompanhar a implementação dos projectos durante a sua execução com vista a fornecer informações sobre o desempenho, os resultados, a conformidade com as especificações e os objectivos (custo, qualidade e prazo).

- Assegurar que apenas os projectos orçamentados sejam admitidos para execução.

- Assegurar que as despesas orçamentais se baseiam em custos autênticos, razoáveis e justos.

- **Estratégias de implementação**

A fim de realizar os objectivos acima referidos, a BMPIU funciona de acordo com as seguintes orientações:

- **Funções de monitorização**

(a) Supervisionar a aplicação das políticas de aquisição estabelecidas.

(b) Controlar os preços dos artigos objeto de concurso

(c) Efetuar auditorias às aquisições

(d) Proceder ao acompanhamento dos projectos de capital que tenham gasto 50% do montante contratual antes da libertação de mais fundos.

(e) Controlar as despesas dos projectos para avaliar o grau de utilização dos recursos em relação às realizações, recorrendo a controlos de paragem, controlos aleatórios, etc.

(f) Documenta todos os projectos nas fases de adjudicação e de conclusão e publica-os em jornais designados.

- Funções de formação e consultoria

(a) Coordenar os programas de formação pertinentes para reforçar a capacidade institucional

(b) Realizar regularmente programas de esclarecimento do público para sensibilizar

os vários intervenientes envolvidos na contratação pública.

(c) Interagir com funcionários governamentais e para-estatais, membros da Assembleia Nacional, consultores, organismos profissionais relevantes para os informar sobre todos os aspectos do trabalho da BMPIU.

10.2 ORGANIZAÇÃO DA CERTIFICAÇÃO DO PROCESSO EQUITATIVO

O Governo Federal da Nigéria emitiu três circulares relevantes para a presente apresentação.

(i) Novas directrizes políticas para a aquisição e adjudicação de contratos nos ministérios/particulares do governo (Circular F. 15775 de 27th junho de 2001).

(ii)   Certificação dos contratos de acordo com o devido processo legal (Circular TRY/A5&B5/2001 de outubro de 2001).

(iii)   Orientações para a aplicação do processo de certificação dos contratos (Circular TRY/A4/B4/2002/OAGF/TS/026/1/168 de 5th de julho de 2002).

As circulares acima referidas são, por conseguinte, de aplicação imediata obrigatória. Por conseguinte, solicita-se aos participantes que obtenham cópias destas circulares para se familiarizarem com as disposições das directrizes. Neste documento, apenas se pretende apresentar um resumo da circular.

- **Aprovação de contratos**

    A aprovação dos contratos foi classificada da seguinte forma:

- **Contratos inferiores a N1,0 milhões**

    Estes devem ser aprovados pelo Secretário Permanente/Chefe do Executivo dos organismos parapúblicos, desde que sejam seguidos os devidos procedimentos, tanto quanto possível, na aquisição de tais bens e serviços.

- **Contratos de valor superior a N1,0 milhão e inferior a N50,0 milhões**

    Estas devem ser aprovadas pela Equipa Residente para o Devido Processo Legal (RDPT), cuja composição é a seguinte (a) O Secretário Permanente (b) O Diretor de Finanças e Contas

    (c) Diretor de Planeamento, Investigação e Estatística

    (d) Diretor responsável pelo orçamento

    (e) Um representante da BMPIU.

- Contratos de valor superior a N50,0 milhões

    Estes devem ser processados em conformidade com as directrizes do FGN e aprovados pela Comissão Ministerial de Concursos antes de serem enviados à BMPIU para obtenção do Certificado de Regularidade. Uma vez obtida a certificação da BMPIU, o projeto será enviado ao Conselho Executivo Federal para aprovação antes de poder ser adjudicado.

PUBLICIDADE

- **Projeto inferior a N10 milhões**

Para projectos inferiores a 1 milhão de euros e entre 1 milhão e 10 milhões de euros, os anúncios devem ser afixados no quadro de avisos dos organismos adjudicantes.

- **Projectos superiores a N10 milhões**

Todos os projectos de contratos superiores a 10 milhões de euros devem ser anunciados em, pelo menos, dois jornais diários nacionais e/ou no jornal oficial. O convite à pré-qualificação deve ser incluído, se necessário.

O convite deve incluir o seguinte:

(i)   Nome e endereço da entidade de tratamento

(ii)   Breve descrição dos objectivos e especificações técnicas.

(iii)   A qualificação e a categoria dos empreiteiros que deverão apresentar propostas.

(iv)   Data em que os documentos devem ser devolvidos num prazo mínimo de seis semanas.

(v)   Local e hora em que o documento deve ser devolvido, incluindo a etiquetagem dos documentos.

- Abertura da Proposta/Concurso

A abertura da proposta/concurso deve ser feita em público numa data e hora designadas, após o encerramento do período de apresentação de propostas/concursos. Os proponentes ou seus representantes devem ser convidados, bem como os membros da sociedade civil.

- Procedimento de revisão do devido processo

Os procedimentos para a revisão do processo equitativo são os seguintes

- Requisitos para a revisão do processo equitativo

Os seguintes documentos devem ser enviados à BMPIU juntamente com o pedido de certificação do processo:

(a) O ficheiro da política do projeto

(b) Prova de publicidade, se for caso disso

(c) Devolução de propostas

(d) Relatório de avaliação do concurso

(e) Carta de adjudicação do contrato e acordo

(f) Listas de quantidades originais do contrato (se existirem)

(g) Desenhos do contrato (se houver)

(h) Outros documentos contratuais

(i) Resumo e demonstrações financeiras

(j) Relatórios de progresso

(k) Pedidos de alteração e decisões de alteração decorrentes

(l) Avaliação provisória e certificados.

As duas circulares mais recentes sobre esta matéria são a Circular do Ministério Federal das Finanças Ref. No. F15775 de 27th junho de 2001 e a Circular do Gabinete do Contabilista Geral da Federação No. TRY/4A & B4/2002/OAGF/JS/026/1/168 de 5th julho de 2002, respetivamente, ambas aplicáveis ao Sistema Universitário.

As circulares especificam o procedimento a seguir para a adjudicação de contratos, bem como o limite de despesas dos directores executivos e dos conselhos directivos. O resumo das circulares é o seguinte:

(a) Os directores executivos das entidades para-estatais/vice-reitores estão habilitados a adjudicar contratos cujo valor não exceda N700 000,00 (setecentos mil nairas) sem concurso público. Isto deve ser certificado pela Equipa Residente do Devido Processo (RDPT) da Universidade.

(b) Qualquer contrato que exceda N700.000,00 mas não ultrapasse N20.000.000,00 (vinte milhões de nairas) deve ser submetido ao Conselho Diretivo da Universidade. Este contrato deve ser certificado pela Equipa Residente do Processo Legal (RDPT) da Universidade.

(c) Qualquer contrato cujo valor exceda N20.000.000,00 mas não mais de N50.000.000,00 (cinquenta milhões de nairas) deve ser recomendado à Comissão Ministerial de Concursos pelos Conselhos Directivos da Universidade através da Comissão Nacional de Universidades. A certificação do processo equitativo será efectuada pela Equipa Residente do Ministério para o Processo Equitativo (MRDPT).

Qualquer contrato cujo valor exceda N50 000 000,00 deve ser recomendado ao Conselho Executivo Federal (FEC) pelo Conselho Diretivo da Universidade, através da Comissão Nacional de Universidades e do Ministério Federal da Educação. No entanto, antes da apresentação dos documentos ao FEC, é obrigatório obter o certificado do devido processo do Controlo Orçamental e Inteligência de Preços (BMPI) da Presidência através da Comissão Nacional de Universidades.

Capítulo 11

O termo "estratégia" (que deriva da palavra grega "strategos", que significa "geral") tem sido utilizado de diferentes formas. Alguns autores, como Kenneth Andrews, Alfred D. Chandler, George A. Sterner/John B. Miner e Richard Vancil, centram-se tanto nos pontos finais (finalidade, missão, metas, objectivos) como nos meios para os alcançar (políticas e planos). Mas outros autores, como Igor H. Ansoff e Charles W. Hofer/Dan Schendel, dão ênfase aos meios para atingir os fins no processo estratégico e não aos fins em si. A grande variedade de significados da palavra 'estratégias' é ilustrada no glossário de um livro: [Estratégias são] programas gerais de ação e utilização de ênfase e recursos para atingir objectivos abrangentes; o programa de objectivos de uma organização e as suas mudanças, os recursos utilizados para atingir esses objectivos e as políticas que regem a aquisição, utilização e disposição desses recursos; a determinação dos objectivos básicos a longo prazo de uma empresa e a adoção de cursos de ação e atribuição de recursos necessários para atingir esses objectivos.

Neste documento, principalmente devido a limitações de espaço, será utilizado o sentido restrito, ou seja, os fins não serão enfatizados para que se possa dar atenção suficiente à análise da situação atual. Parte-se do princípio de que o objetivo do projeto de desenvolvimento já foi estabelecido, mas está sujeito a alterações após uma avaliação da situação.

Embora as etapas específicas da formulação da estratégia possam variar, o processo pode ser construído, pelo menos concetualmente, em torno do seguinte quadro:

1) Reconhecimento dos vários contributos organizacionais, especialmente os contributos dos objectivos dos requerentes para a nação.

2) Preparação do perfil nacional.

3) Identificação do ambiente externo atual.

4) Preparação de uma previsão com previsões do ambiente futuro.

5) Preparação de uma auditoria de recursos com ênfase nos pontos fracos e fortes internos da nação.

6) Desenvolvimento de estratégias, tácticas e outras acções alternativas.

7) Avaliação e seleção de estratégias.

8) Testes de consistência.

9) Preparação de planos de emergência.

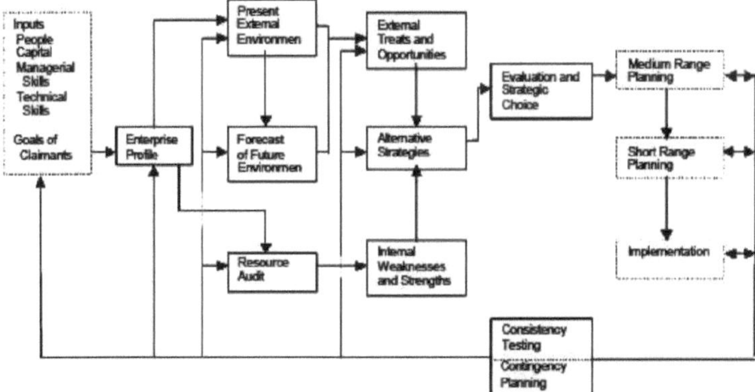

Figure 1. Strategic planning process

Estas etapas, apresentadas na Figura 1, servem de enquadramento para a discussão que se segue.

CONTRIBUTOS PARA O PLANEAMENTO ESTRATÉGICO

Para ser eficaz, o planeamento estratégico deve considerar cuidadosamente as entradas no sistema. Estas entradas, não enfatizadas nesta discussão, estão delimitadas por linhas tracejadas, como mostra a Figura 1. Incluem pessoas, capital, conhecimentos e competências de gestão e técnicas. Além disso, vários grupos de pessoas fazem exigências à nação. Infelizmente, muitos dos objectivos destes requerentes são incongruentes entre si e cabe ao Gestor de Projeto integrar estas necessidades e objectivos divergentes.

O PERFIL NACIONAL

A forma como uma nação funcionou no passado é normalmente um ponto de partida para determinar para onde irá e para onde deverá ir. Por outras palavras, a liderança política de topo debate-se com questões fundamentais como:

> Qual é a nossa atividade?

> Quem são os nossos eleitores?

> O que é que os nossos cidadãos querem?

> Qual deve ser a nossa atividade?

Estas e outras questões semelhantes devem fornecer respostas sobre a natureza básica da nação, os seus produtos e serviços, o seu domínio geográfico, a sua posição competitiva e a sua orientação e valores políticos de topo. Estes tópicos requerem um aprofundamento.

ORIENTAÇÃO GEOGRÁFICA

Uma nação deve também responder a questões como:

> Onde estão os nossos eleitores?

> Onde estão aqueles que deveriam ser nossos eleitores, mas que atualmente não o são?

As nações precisam de desenvolver um perfil da sua localização geográfica. Embora algumas nações possam restringir-se, é claro, a conduzir os seus negócios em diferentes continentes.

SITUAÇÃO CONCORRENCIAL

Há também que ter em conta outros factores e elementos da concorrência, como o preço, a qualidade, o custo, os serviços, a inovação dos produtos, os sistemas de distribuição, as instalações e a localização.

A avaliação da situação concorrencial envolve várias etapas. Em primeiro lugar, devem ser identificados os principais factores de sucesso. Assim, só uma análise cuidadosa da posição competitiva atual fornece uma indicação do crescimento e dos lucros futuros da empresa. Além disso, a análise da concorrência não se centra apenas na situação atual, mas também num futuro mais distante. Esta análise torna-se complexa para as empresas que competem nos mercados nacional e internacional.

ORIENTAÇÃO PARA A GESTÃO DE TOPO

O perfil de uma nação é moldado pelas pessoas, especialmente pela liderança política. São elas que criam o clima, influenciam a atmosfera e determinam a direção da nação.

O AMBIENTE EXTERNO: AMEAÇAS E OPORTUNIDADES

Na análise do ambiente externo, é necessário ter em conta muitos factores diversos. Atualmente, as ameaças incluem certamente os problemas da inflação, da energia, da evolução tecnológica e das acções governamentais. Os diversos factores, que podem ser tanto ameaças como oportunidades, podem ser agrupados nas seguintes categorias: factores económicos, sociais e políticos, produtos e tecnologia, factores demográficos, mercados e concorrência, entre outros.

FACTORES ECONÓMICOS

O estratega, naturalmente, tem em conta outros factores económicos para além do ciclo económico, como o nível de emprego, a disponibilidade de crédito e o nível dos preços. Além disso, as empresas individuais são afectadas de forma diferente pelos factores económicos. O que é uma ameaça para uma empresa é uma oportunidade para outra.

FACTORES SOCIAIS E POLÍTICOS

Os desenvolvimentos sociais também influenciam a estratégia da nação. Do mesmo modo, os gestores de projectos são confrontados com uma série de leis e regulamentos federais, estatais e locais.

PRODUTOS E TECNOLOGIA

Os produtos têm de ser adaptados às mudanças tecnológicas. Por exemplo, o surpreendente sucesso da inovação é, naturalmente, dispendioso e arriscado e a taxa de insucesso dos novos produtos é elevada; no entanto, uma política de não inovação pode causar o desaparecimento de uma empresa.

FACTORES DEMOGRÁFICOS

As alterações demográficas afectam significativamente uma nação. O estratega deve ter em conta estes e outros factores porque influenciam as preferências pelos tipos de produtos e serviços procurados pelas nações.

MERCADOS E CONCORRÊNCIA

As perguntas seguintes e as respectivas respostas são cruciais para a formulação de uma estratégia:

> Quem são os nossos concorrentes?

> Como é que a nossa nação se compara com a concorrência?

> Quais são os pontos fortes e fracos dos nossos concorrentes?

> Quais são as suas estratégias?

> Qual a melhor forma de competir?

OUTROS FACTORES

Existem, evidentemente, muitos outros factores que podem ser particularmente importantes para uma nação específica. O ambiente em constante mudança exige uma análise contínua das oportunidades e ameaças.

RECOLHA DE INFORMAÇÕES E PREVISÃO DO FUTURO

Uma vez que existem muitos factores que devem ser analisados, a liderança política deve ser selectiva e concentrar-se nos factores que são críticos para o sucesso da nação. Além disso, não é suficiente para o estratega avaliar apenas o ambiente atual. O planeamento para o futuro, e o planeamento estratégico em particular, está muito preocupado com o futuro mais distante.

O AMBIENTE INTERNO: PONTOS FRACOS E PONTOS FORTES

As exigências do ambiente externo sobre a organização devem ser combinadas com os recursos da nação. Os pontos fortes e fracos internos variam muito consoante as empresas; podem, no entanto, ser convenientemente classificados em

1) Gestão e Organização,

2) Operações,

3) Finanças e

4) Outros factores importantes   para uma determinada nação.

GESTÃO E ORGANIZAÇÃO

Esta categoria inclui não só os talentos de gestão, mas também a força de trabalho no seu conjunto. Inclui também as relações laborais; as políticas de pessoal; a avaliação, seleção, formação e desenvolvimento dos trabalhadores; e o sistema de recompensas. O sistema de planeamento e controlo, bem como a estrutura e o clima da organização são igualmente importantes para o sucesso da organização.

RAÇÕES OPE

As operações devem ser cuidadosamente analisadas em termos de capacidades de investigação e desenvolvimento, bem como da adequação e da produtividade das instalações disponíveis para responder ao crescimento esperado e a outros objectivos da nação.

FINANÇAS

Deve ser feita uma avaliação cuidadosa dos pontos fortes e fracos da nação também nos domínios da estrutura de capital, do financiamento, da rentabilidade, da situação fiscal, do planeamento financeiro e do sistema contabilístico. Existem muitos rácios financeiros disponíveis para efetuar análises. Mas a gestão financeira não exige apenas que se tenha em conta o passado e a situação atual; exige também um planeamento financeiro a curto e a longo prazo, coerente com os objectivos e a estratégia da empresa.

OUTROS FACTORES

A atenção centra-se aqui nos factores óbvios que permitem avaliar os pontos fortes e fracos da nação.

ALTERNATIVAS ESTRATÉGICAS

A análise anterior das oportunidades e ameaças ambientais e dos pontos fortes e fracos da nação incentiva o processo criativo de desenvolvimento de alternativas. Como qualquer gestor de projectos experiente sabe, em quase todas as situações existem alternativas de ação.

As estratégias discutidas acima fornecem uma visão geral das abordagens possíveis. Dentro destas categorias, é claro que são possíveis muitas variações. Na realidade, as empresas procuram frequentemente uma combinação destas estratégias. O que se tornou claro é que a avaliação e a escolha de uma estratégia, o próximo tópico de discussão, não é uma tarefa simples.

AVALIAÇÃO E SELECÇÃO DE ESTRATÉGIAS

O gestor estratégico tem de avaliar uma multiplicidade de estratégias possíveis. É evidente que esse gestor tem de ter em consideração tanto as realidades externas como as capacidades internas. Infelizmente, os ambientes não são estáticos, mas dinâmicos e sujeitos a mudanças constantes. Assim, o estratega tem de fazer previsões de mudanças sobre o futuro.

Ao efetuar escolhas estratégicas, as oportunidades devem ser avaliadas à luz dos riscos. Pode, de facto, haver oportunidades de lucro para um novo produto, mas a empresa pode não ser capaz de suportar os riscos envolvidos na nova aventura. Noutras ocasiões, porém, uma empresa não pode dar-se ao luxo de não assumir um risco calculado.

TESTE DE CONSISTÊNCIA

Durante todas as fases da formulação da estratégia, as etapas devem ser examinadas para verificar a sua coerência com o perfil da empresa, o ambiente atual e projetado e os recursos da empresa.

Além disso, é necessário ter em conta os objectivos dos requerentes da organização, uma vez que a escolha da estratégia não se baseia apenas numa análise racional dos factos, mas também em valores e objectivos pessoais, especialmente os do diretor executivo, um importante requerente da empresa, como já foi referido.

As estratégias alternativas são então testadas quanto à sua congruência com outros meios de comunicação social e planos de curto prazo que, por sua vez, podem exigir ajustamentos da estratégia principal. Da mesma forma, a viabilidade da implementação dos planos também precisa de ser examinada

PLANOS DE EMERGÊNCIA

Terão de ser preparados planos de contingência. Uma vez que o futuro não pode ser previsto com grande exatidão, os planos têm de ser elaborados com diferentes premissas. É certo que nem todas as contingências possíveis podem ser tidas em conta, mas as que são cruciais para a sobrevivência e o êxito de uma nação, como o corte ou a redução do petróleo no mercado mundial, devem constituir premissas para planos alternativos.

Capítulo 12

Espera-se que a liderança política, a todos os níveis, desempenhe um papel fundamental para garantir que a nação obtenha uma boa relação qualidade/preço nos projectos de desenvolvimento.

O projeto acima referido na China foi construído com menos de 83% da contrapartida nigeriana, mas a fábrica da Nigéria só pode produzir 11% do que a da China. Isto apesar das funções de supervisão da Assembleia Nacional e da UNIDADE DE MONITORIZAÇÃO ORÇAMENTAL E DE INTELIGÊNCIA DE PREÇOS (BMPIU) a este respeito. A questão que se coloca aqui é a de saber onde está o benefício económico deste projeto de desenvolvimento excessivamente caro. O interesse próprio dos operadores e o bem comum dos cidadãos são deitados ao mar.

Na Nigéria, as estradas nigerianas são consideradas as mais caras de África; o relatório afirma que o custo por quilómetro se situa entre 400 milhões e mil milhões de euros. O efeito combinado de um planeamento deficiente, de um processo orçamental desleixado, da corrupção e da falta de capacidade de absorção no Ministério das Obras Públicas fez aumentar o custo da construção e manutenção de estradas na Nigéria, tornando-as as mais caras de África.

Um relatório sobre o desenvolvimento de infra-estruturas rodoviárias na Nigéria (2009-2013), que comparou o custo da construção de estradas na Nigéria com o custo obtido em alguns países africanos, revelou uma diferença notável que sugere uma anomalia na Nigéria.

O relatório, publicado pelo Centro para a Justiça Social (CSJ), Abuja, baseou-se num estudo anterior, insiste na criação do Estado e na avaliação comparativa realizada pelo Banco Mundial em 2000. Na Nigéria, o relatório do CSJ afirma que um quilómetro de estrada custa entre 400 milhões e mais de mil milhões de euros, um montante que o relatório descreve como escandaloso.

De acordo com o relatório, uma estrada de 9,52 quilómetros no município de Ibadan, no Estado de Oyo, foi adjudicada ao custo de 5,8 mil milhões de euros, o que equivale a cerca de 609,24 milhões de euros por quilómetro. Do mesmo modo, o montante do contrato para a estrada Abuja/Abaji/Lokoja, um projeto de 196 quilómetros a cargo do Governo Federal, foi adjudicado a um custo estimado de 42 mil milhões de euros em 2006. No entanto, foi revisto em alta para 116 mil milhões de euros em 2011, o que representa um aumento de 176,2 por cento. Isto apesar de a taxa de inflação ter diminuído para uma média de 2,52% durante o período de cinco anos.

Com o custo total do projeto rodoviário Abuja/Abaji/Lokoja, o custo do projeto por quilómetro é de cerca de 591 milhões de N, o que excede o custo de referência máximo de 1 374 429,60 dólares por quilómetro recomendado pelo Banco Mundial como custo de construção de um quilómetro de estrada pavimentada.

No estudo anterior do Banco Mundial, foi elaborado um conjunto de indicadores para realizar avaliações comparativas dos processos de adjudicação e execução de contratos no sector rodoviário em 13 países da África Subsaariana. Os países utilizados no estudo foram o Congo, a República Democrática do Congo, a Etiópia, o Gana, o Quénia, o Malawi, Moçambique, Madagáscar, a Nigéria, a Tanzânia, o Uganda e a Zâmbia.

A investigação gerou um conjunto de dados especializados para 109 contratos de obras de estradas e pontes e 76 contratos de consultoria de supervisão em projectos financiados pelo Banco Mundial e "os custos excessivos mais elevados" foram observados na Nigéria, onde os contratos aumentaram o seu valor original numa média de 39,7% durante a execução.

Por outro lado, a média de custos excedidos no Gana foi de 34 por cento; cerca de 18 por cento em Moçambique e Tanzânia, enquanto não houve custos excedidos na Etiópia, Uganda e Quénia. Na Província do Limpopo da África do Sul, o custo médio de construção de um quilómetro de estrada está dentro da referência de construção de estradas do Banco Mundial.

O relatório do CSJ atribuiu o custo anormal da construção de estradas na Nigéria a uma dotação orçamental insuficiente e a outros problemas associados. Há demasiados projectos rodoviários e os recursos estão muito mal distribuídos. Existe uma grande diferença entre as dotações orçamentais insuficientes para infra-estruturas rodoviárias e as libertações e o apoio financeiro necessário para que os MDA utilizem os fundos. Isto não é bom para o desenvolvimento das infra-estruturas rodoviárias na Nigéria.

As diferenças contínuas e adicionais entre os montantes apoiados em dinheiro e a sua eventual utilização mostram a falta de capacidade de absorção nos MDA. Pode constatar-se que o nível de financiamento não corresponde ao calendário de execução dos projectos rodoviários. Estradas que deveriam ter sido concluídas dentro de dois anos ou menos ainda estão a ser construídas após cinco anos.

Os atrasos conduzem a variações que, por vezes, representam o dobro do valor da adjudicação inicial. Isto cria enormes desafios para o sistema fiscal, especialmente com as enormes quantias colocadas para o aumento dos contratos rodoviários", afirma o relatório. Recomendou a necessidade de investimentos reforçados e de uma nova forma de pensar para obter novos fundos para o sector rodoviário, ao mesmo tempo que as leis e políticas existentes, tais como as que regem o acordo de Parceria Público-Privada (PPP) e o Plano de Ação para as Infra-estruturas, deviam ser implementadas imediatamente.

Além disso, recomendou que o financiamento orçamental para o sector rodoviário fosse progressivamente melhorado. Para além das dotações, o Ministério das Finanças deve assegurar o desbloqueamento total e atempado e o apoio financeiro dos fundos orçamentados ao Ministério das Obras Públicas e a outros MDA envolvidos no sector rodoviário. Apelou também para a redução do custo de implementação dos projectos rodoviários através de uma avaliação comparativa com os preços africanos e internacionais. De acordo com o relatório, o custo de construção de estradas noutros países, como o Gana, que tem quase o mesmo tipo de solo que a Nigéria, colocará o custo atual no seu devido contexto.

Capítulo 13

13.0 A MINHA EXPERIÊNCIA

O acompanhamento de projectos de capital como membro do Comité Nacional de Acompanhamento I e II, encarregado de assegurar a utilização óptima dos subsídios especiais de 20 e 25 milhões de euros concedidos a cada universidade federal em 1990 e 1992, e como chefe da Divisão de Levantamento de Quantidades da Comissão Nacional de Universidades (NUC), deu-nos a oportunidade de observar as seguintes deficiências no sistema universitário nigeriano e na nação em particular, sobre as razões pelas quais os projectos falham.

Existem no sistema universitário nigeriano procedimentos para o planeamento e a execução eficientes de projectos de capital, mas o problema é a implementação desses procedimentos. Muitas universidades não determinam corretamente o âmbito do trabalho e, quando o fazem, identificam o âmbito da linha principal e nunca os nós de apoio ou de segurança.

O pessoal técnico responsável pelos projectos não tem consciência do desempenho da escala temporal e não é capaz de definir a relação entre as actividades. As projecções de fluxos de tesouraria não são bem pensadas e a consideração da escalada dos custos de construção nunca é tida em conta na fase de planeamento. A maioria das universidades não dispõe de estratégias de gestão específicas e, em alguns casos, não identifica datas específicas para o início dos projectos.

Estas e outras deficiências afectaram o desenvolvimento do capital nas Universidades. Para ultrapassar estas deficiências e melhorar a execução dos projectos de capital, foi desenvolvida uma nova estratégia de acompanhamento. Cada universidade deve criar um comité de execução de projectos para complementar o pessoal das unidades de planeamento físico. A Comissão Nacional de Universidades, na qualidade de membro destes grupos de trabalho, assegurará que as universidades planeiem os projectos utilizando o Manual de Planeamento aprovado.

Com a esperada melhoria do financiamento e uma estratégia de implementação eficiente, serão necessárias as seguintes alterações para melhorar o sistema:

(1) A Comissão Nacional de Universidades (NUC) deve assegurar que o Plano Diretor de cada Universidade seja executado em conformidade com o procedimento acordado.

(2) Deve ser iniciada a formação ou a reciclagem do pessoal existente nas unidades de planeamento físico e a contratação de novo pessoal. O pessoal deve dispor dos instrumentos necessários para garantir a sua eficiência.

(3) Poderá ser necessário rever a duração da nomeação dos dirigentes principais, uma vez que as mudanças frequentes incentivam a alteração das prioridades.

(4) É necessário rever o modo de nomeação e o tempo de vida dos Conselhos

Directivos das Universidades. As frequentes mudanças de membros atrasam o arranque de projectos de capital e as mudanças de prioridades e de direção ou de desenvolvimento.

(5)   As universidades devem ser obrigadas a apresentar propostas alternativas para os projectos, justificando as suas necessidades com base na eficiência, na economia e na relação custo-benefício.

(6)   A dotação orçamental deve ser cumprida e libertada na íntegra para os projectos aprovados.

CONCLUSÃO

Com o regresso à governação democrática na Nigéria em 1999, esperava-se que as aberrações nos processos e procedimentos fossem resolvidas para aumentar a economia, a eficiência e a eficácia da gestão de projectos como mecanismo de desenvolvimento. Entre outras coisas, é necessário

- Aplicar a auditoria, a transparência e a responsabilidade;

- Assegurar um acompanhamento e uma avaliação eficazes;

- Sequenciar adequadamente a atividade do projeto; e

- Assegurar que os gestores de projeto são qualificados e competentes

Agradeço-vos a todos por me terem ouvido.

FREDDY OGUGUA ESENWA (Júnior)

esen wafo@nuc.edu ng

esen wafreddie @yahoo.com

esen wafo @gmail.com

esen wafo@skannet.com

esen wafo @msn .com

www.freddyesenwa.com

BIBLIOGRAFIA

- *Planning and Estimating Design Work, Blackwood D. J., Sarkar S., &PriceA. D. F.*

- *Um Guia para o Conjunto de Conhecimentos em Gestão de Projectos, edição de 1996 e 2000*

- *Princípios de gestão de projectos, John Adams*

- *A Nova Gestão de Projectos, F rame, J. Davidson*

- *Gestão de Projectos: A Systems Approach to Planning, Scheduling & Controlling, Harold Kerzner*

- *Desafio PMP! ESI International, Secção de Gestão de Aquisições PMBOK Q&A, PMI, Aquisições*

- *Plano de Trabalho para a Operação da Equipa de Design - RIBA Publications*

- *Ação de concurso - Panfleto de prática dos avaliadores de quantidade n.º 1*

- *Gestão de contratos de construção - Publicações RIBA*

- *Técnico Oficial de Quantidades, abril de 1979.*

- *A gestão da construção - Nnimmo Bassey.*

- *Manual de Planeamento e Normalização - Publicações da Comissão Nacional das Universidades.*

- *Comité Nacional de Acompanhamento 1 - Relatório final de desempenho, dezembro de 1992*

- *Comité Nacional de Acompanhamento 11, Relatório final sobre a execução dos projectos - junho de 1994.*

- *Review of Construction, Procurement, Finance and Control System of Nigerian Universities (Análise do sistema de construção, aquisição, finanças e controlo das universidades nigerianas). Um documento não publicado por Esenwa F.O. em conjunto com a Universidade de Abertay, Dundee, Escócia.*

RECONHECIMENTO

Gostaria de reconhecer que as informações utilizadas neste documento foram obtidas nas publicações da Comissão Nacional das Universidades e noutros documentos de referência reconhecidos. No entanto, as opiniões expressas neste documento não são de modo algum oficiais, mas sim pessoais.

DEFINIÇÕES-CHAVE

Carga posterior

Custo da ação correctiva do comprador e imputável ao fornecedor nos termos do contrato.

Protesto de propostas

Permite que um fornecedor preterido tenha a oportunidade de protestar contra a adjudicação de um contrato público a outro fornecedor.

Conhecimento de embarque

Um recibo emitido por um transportador para uma mercadoria a ser entregue a uma parte num determinado destino.

Mudança construtiva

Ocorre quando a conduta do gestor de projeto permite um desempenho diferente do prescrito no contrato. A conduta do Gestor de Projeto ao efetuar uma alteração construtiva pode ser afirmativa ou por omissão. Não faz parte do controlo de alterações do contrato: Por exemplo, se o produto final tiver um desempenho melhor do que o padrão especificado no contrato, ou se o gestor de projeto aumentar a qualidade para além do que está previsto no contrato.

Contrato

Um documento legal de compra ou venda que vincula ambas as partes.

Para celebrar um contrato, as pessoas envolvidas devem ter **capacidade jurídica** para o fazer. (A definição de capacidade jurídica varia de país para país). Deve haver uma **contrapartida** para ambas as partes (por outras palavras, deve haver um motivo suficiente para celebrar o contrato). Deve existir um **consentimento mútuo**.

Convite à apresentação de propostas (IFB)

O PMBOK equipara-o a Pedido de Proposta e reconhece que pode ter um significado mais específico em determinadas áreas de aplicação. (Adequado para itens padrão e de alto valor de custo).

Bola baixa

Para obter uma adjudicação, um empreiteiro pode apresentar uma proposta irrealisticamente baixa.

Revisão da Equipa Rosa

Um vendedor responde a um **RFP elaborando** uma proposta. Para efeitos de sanidade, a proposta passa pela equipa rosa assim que o esboço estiver concluído. A equipa rosa analisa a proposta na perspetiva do comprador. O objetivo da equipa é detetar problemas com a proposta nas fases iniciais.

Previsão de preços

Com base em informações recolhidas e analisadas sobre a procura e a oferta. Esta previsão fornece um prognóstico dos preços a curto e longo prazo e as razões subjacentes a essas tendências.

Revisão da Equipa Vermelha

Quando a proposta está em forma de projeto, passa por uma equipa vermelha que, mais uma vez, analisa a proposta na perspetiva do comprador.

Reforma

Um recurso judicial através do qual um tribunal interpreta o contrato de modo a exprimir a verdadeira intenção das partes (o que é diferente de alterações ao contrato)

Pedido de Proposta (RFP)

Um tipo de documento de concurso utilizado para solicitar propostas a potenciais vendedores de produtos ou serviços. Em alguns domínios de aplicação, pode ter um significado mais específico. (Adequado para projectos de elevado valor de custo, artigos não normalizados).

Pedido de Cotação (RFQ)

O PMBOK não faz distinção entre RFQ e RFP. No entanto, o PMBOK reconhece que algumas áreas de aplicação têm um significado mais específico para RFQ (apropriado para projectos/itens de baixo custo, tais como fornecimentos e materiais).

Declaração de Trabalho (SOW)

Descreve a parte do produto a ser contratada. Em geral, isto é diferente da descrição do produto (que tende a ser mais alargada). No caso de o vendedor estar a produzir todo o produto, a distinção entre SOW e descrição do produto torna-se discutível. **Termos governamentais: SOW** é reservado para um item de aquisição que é um produto ou serviço claramente especificado, e **Statement of Requirements (SOR)** é utilizado para adquirir um item que é apresentado como um problema a ser resolvido.

Printed by Books on Demand GmbH, Norderstedt / Germany